Impressum
Verlag: BABADADA GmbH, Nedderfeld 112 , 22529 Hamburg
Geschäftsführer / Verlagsleitung: Harald Hof
Druck: Books on Demand GmbH, In de Tarpen 42, 22848 Norderstedt

Imprint
Publisher: BABADADA GmbH, Nedderfeld 112 , 22529 Hamburg, Germany
Managing Director / Publishing direction: Harald Hof
Print: Books on Demand GmbH, In de Tarpen 42, 22848 Norderstedt, Germany

სკოლა

skool

საკლასო ოთახი
klaskamer
გაყოფა
deel
186/2
დაფა
raad
სკოლის ეზო
speelgrond
მასწავლებელი
onderwyser
ქაღალდი
papier
წერა
skryf
კალამი
pen
მაგიდა
lessenaar
სახაზავი
liniaal
წიგნი
boek
მოსწავლე
leerling

ზურგჩანთა

skooltas

პენალი

potloodhouer

ფანქარი

potlood

ფანქრების სათლელი

skerpmaker

საშლელი

rubber

ნახატების ალბომი

tekenblok

ნახატი

tekening

ფუნჯი

verfkwas

საღებავის ყუთი

verfoppervlak

მაკრატელი

skêr

წებო

gom

სავარჯიშო რვეული

oefenboek

საშინაო დავალება

huiswerk

12

ნომერი

aantal

2+2

დამატება

optel

5-2

გამოკლება

aftrek

2×2

გამრავლება

maal

გამოთვლა

bereken

A

წერილი

brief

ABCDEFG
HIJKLMN
OPQRSTU
VWXYZ

ანბანი

alaphabet

hello

სიტყვა

woord

ტექსტი
teks

წაკითხვა
lees

ცარცი
kryt

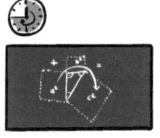
გაკვეთილი
les

რეგისტრაცია
registreer

გამოცდა
eksamen

სერტიფიკატი
sertifikaat

სკოლის ფორმა
skooluniform

განათლება
onderwys

ენციკლოპედია
ensiklopedie

უნივერსიტეტი
universiteit

მიკროსკოპი
mikroskoop

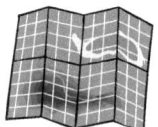
რუქა
kaart

კალათა ნარჩენი
ქაღალდებისათვის
vullisdrom

მოგზაურობა

reis

Grand
სასტუმრო
hotel
ჰოსტელი
hostel
ROOMS
CHANGE
ვალუტის გადაცვლის პუნქტი
bureau de change
ჩემოდანი
tas
მანქანა
motor

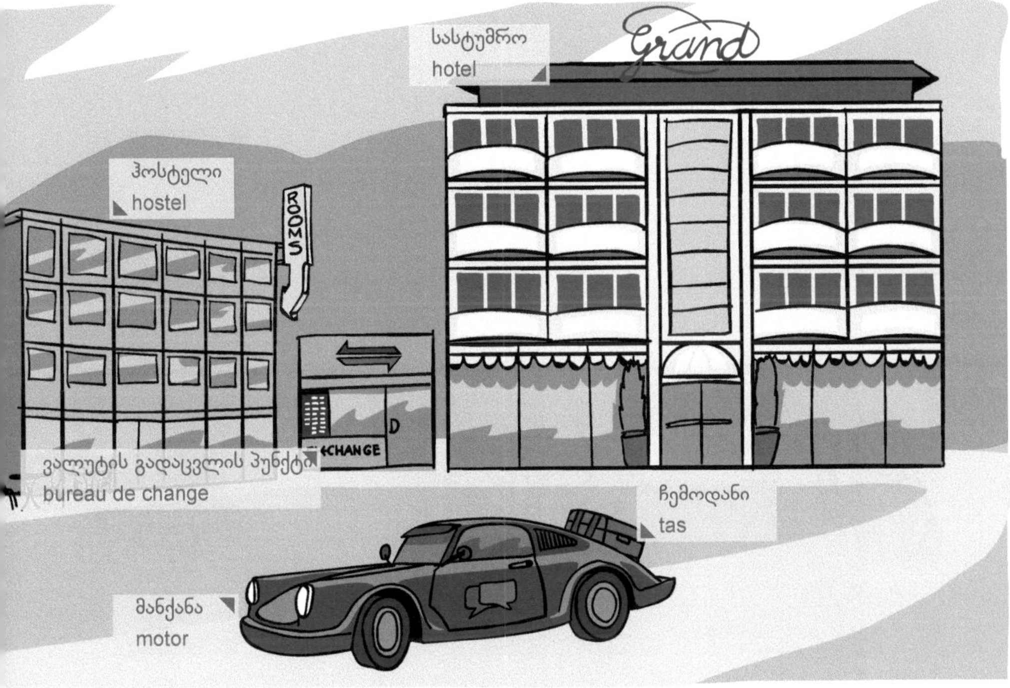

ენა

taal

კი / არა

ja / nee

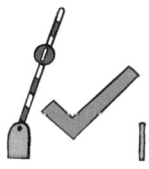

კარგი

Goed

გამარჯობა

hallo

მთარგმნელი

vertaler

გმადლობთ

Dankie

რა ღირს... ?

hoeveel is...?

ვერ გავიგე

Ek verstaan nie

პრობლემა

probleem

აღამო მშვიდობისა!

Goeie naand!

დილა მშვიდობისა!

Goeie môre!

ღამე მშვიდობისა!

Goeie nag!

ნახვამდის

totsiens

მიმართულება

rigting

ბარგი

bagasie

ჩანთა

sak

ზურგჩანთა

rugsak

სტუმარი

gas

ოთახი

kamer

საძილე ტომარა

slaapsak

კარავი

tent

ურისტული ინფორმაცია

toeriste-inligting

სანაპირო

strand

საკრედიტო ბარათი

kredietkaart

საუზმე

ontbyt

ლანჩი

middagete

ვახშამი

aandete

ბილეთი

kaartjie

ლიფტი

hysbak

საფოსტო მარკა

posseël

საზღვარი

grens

საბაჟო

doeane

საელჩო

ambassade

ვიზა

visum

პასპორტი

paspoort

ტრანსპორტი

vervoer

თვითმფრინავი
vliegtuig
გემი
skip
სახანძრო მანქანა
brandweerwa
ავტობუსი
bus
სატვირთო მანქანა
trok
მოტორიზებული ნავი
motorboot
მანქანა
motor
ველოსიპედი
fiets

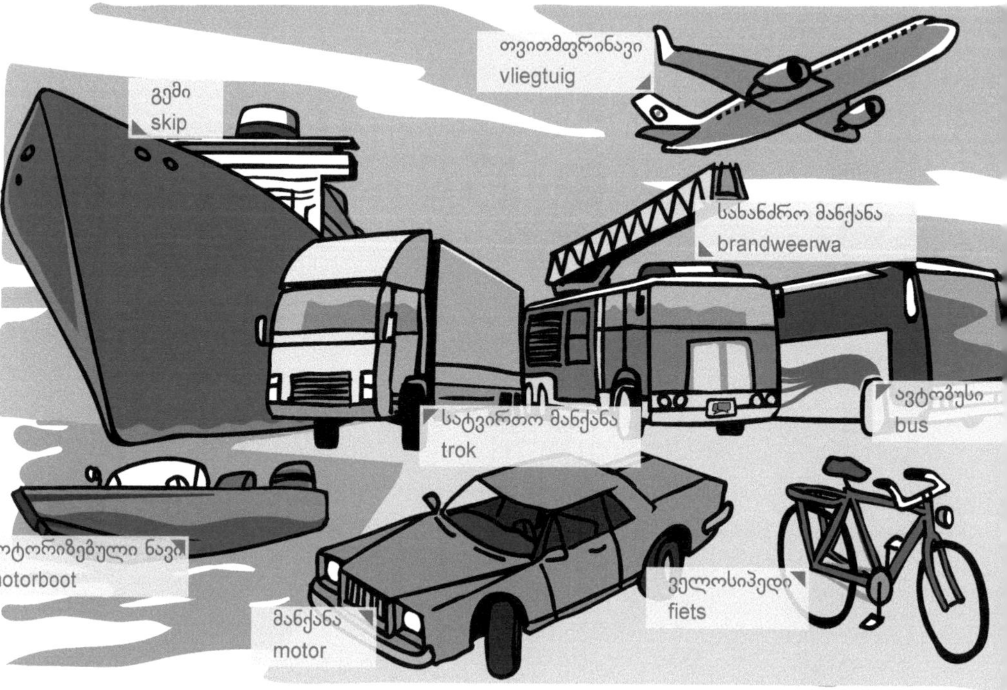

ბორანი

veerboot

ნავი

boot

მოტოციკლი

motorfiets

პოლიციის მანქანა

polisiemotor

სარბოლო მანქანა

renmotor

დაქირავებული მანქანა

huurmotor

მანქანის ერთობლივი მოხმარება
car-sharing

საბუქსირე მანქანა
....
insleepvoertuig

ნაგვის მანქანა
....
vullisverwydering

ძრავა
....
enjin

საწვავი
....
brandstof

ბენზინგასამართი სადგური
....
vulstasie

საგზაო ნიშანი
....
verkeersteken

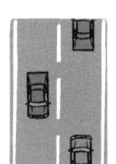

მოძრაობა
....
verkeer

საცობი
....
verkeersknoop

მანქანის სადგომი
....
parkeerplek

მატარებლის სადგური
....
stasie

ლიანდაგები
spore

მატარებელი
....
trein

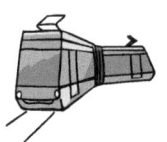

ტრამვაი
....
tram

ვაგონი
....
wa

ვერტმფრენი

helikopter

აეროპორტი

lughawe

კოშკი

toring

მგზავრი

passasier

კონტეინერი

houer

მუყაოს ყუთი

karton

ურიკა

karretjie

კალათა

mandjie

აფრენა / დაშვება

opstyg / land

ქალაქი

stad

სოფელი

dorpie

ქალაქის ცენტრი

middestad

სახლი

huis

CINEMA
კინოთეატრი
bioskoop
რეკლამა
advertensie
ქუჩის ლამპიონი
straatlamp
ქუჩა
straat
ტაქსი
taxi
სავაჭრო ჯიხური
snoepwinkel
ქვეითი
voetganger
ტროტუარი
sypaadjie
ჯვარედინი
kruising
ქვეითების გადასასვლელი
zebra-kruising
ნაგვის ურნა
vullisblik
შუქნიშანი
verkeersligte

ქოხი

hut

ბინა

woonstel

მატარებლის სადგური

stasie

მუნიციპალიტეტი

stadsaal

მუზეუმი

museum

სკოლა

skool

უნივერსიტეტი

universiteit

ბანკი

bank

საავადმყოფო

hospitaal

სასტუმრო

hotel

აფთიაქი

apteek

ოფისი

kantoor

წიგნების მაღაზია

boekwinkel

მაღაზია

winkel

ფლორისტი

bloemis

სუპერმარკეტი

supermark

ბაზარი

mark

მაღაზიის განყოფილება

handelshuis

თევზის გამყიდველი

viswinkel

სავაჭრო ცენტრი

inkopiesentrum

ნავსადგომი

hawe

პარკი
park

გრძელი სკამი
bankie

ხიდი
brug

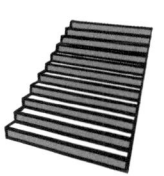

კიბეები
trappe

მიწისქვეშა გადასასვლელი
moltrein

გვირაბი
tonnel

ავტობუსის გაჩერება
bushalte

ბარი
kroeg

რესტორანი
restaurant

საფოსტო ყუთი
posbus

ქუჩის ნიშანი
straatnaambord

პარკინგის საზომი
parkeermeter

ზოოპარკი
dieretuin

საცურაო აუზი
swembad

მეჩეთი
moskee

ფერმა

plaas

გარემოს დაბინძურება

besoedeling

სასაფლაო

begraafplaas

ეკლესია

kerk

საბავშვო მოედანი

speelgrond

ტაძარი

tempel

ლანდშაფტი
landskap

ფოთოლი
blaar

გზის მანიშნებელი ნიშანი
padwyser

გზა
pad

მდელო
weiland

ქვა
klip

ხე
boom

მოგზაური
voetslaner

მდინარე
rivier

ბალახი
gras

ყვავილი
blom

ხეობა

vallei

გორაკი

heuwel

ტბა

meer

ტყე

bos

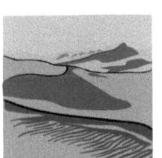

უდაბნო

woestyn

ვულკანი

vulkaan

ციხე

kasteel

ცისარტყელა

reënboog

სოკო

sampioen

პალმა

palmboom

კოღო

muskiet

ბუზი

vlieg

ჭიანჭველა

mier

ფუტკარი

by

ობობა

spinnekop

ხოჭო

miskruier

ბაყაყი

padda

ციყვი

eekhoring

ზღარბი

krimpvarkie

კურდღელი

haas

ბუ

uil

ფრინველი

voël

გედი

swaan

ტახი

wildevark

ირემი

takbok

ცხენ-ირემი

elk

კაშხალი

opgaardam

ქარის ტურბინა

windturbine

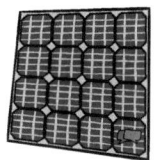

მზის ბატარეა

sonpaneel

კლიმატი

klimaat

რესტორანი
restaurant

მიმტანი
kelner
მენიუ
menu
სკამი
stoel
სუპი
sop
პიცა
pizza
დანა-ჩანგალი
eetgerei
მაგიდაზე გადასაფარებელი
tafeldoek

საუზმე

voorgereg

მთავარი კერძი

hoofgereg

დესერტი

nagereg

დასალევი

drankies

საჭმელი

kos

ბოთლი

bottel

სწრაფი კვება

kitskos

ქუჩის საჭმელი

straatkos

ჩაიდანი

teepot

საშაქრე

suikerverpakking

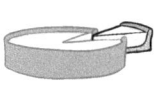

პორცია

porsie

ესპრესოს მანქანა

espresso masjien

მაღალი სკამი

hoë stoel

ანგარიში

rekening

ლანგარი

skinkbord

დანა

mes

ჩანგალი

vurk

კოვზი

lepel

ჩაის კოვზი

teelepel

ხელსახოცი

servet

ჭიქა

glas

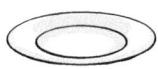

თეფში
gereg

სუპის თეფში
sopbakkie

ჩაის ლამბაქი
piering

საწებელი
sous

სამარილე
soutpot

წიწაკის საფქვავი
pepermeul

ძმარი
asyn

ზეთი
olie

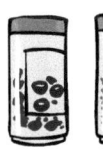

სანელებლები
speserye

კეტჩუპი
tamatiesous

მდოგვი
mosterd

მაიონეზი
mayonaise

სუპერმარკეტი
supermark

სპეციალური შეთავაზება
spesiale aanbieding
FOR
მომხმარებელი
kliënt
რძის ნაწარმი
suiwelprodukte
ხილი
vrugte
ურიკა
trollie

საყასბო

slaghuis

საცხობი

bakkery

აწონვა

weeg

ბოსტნეული

groente

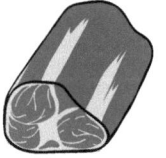

ხორცი

vleis

გაყინული საკვები

bevrore voedsel

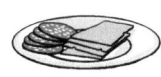

გრილი ხორცი
kouevleis

კონსერვები
blikkieskos

სარეცხი ფხვნილი
waspoeier

ტკბილეული
lekkers

საყოფაცხოვრებო
პროდუქტები
huishoudelike produkte

სარეცხი საშუალებები
skoonmaakprodukte

გამყიდველი
verkoopsvrou

სალარო
kasregister

მოლარე
kassier

საყიდლების სია
inkopielys

მუშაობის საათები
besigheidsure

პორტმანი
beursie

საკრედიტო ბარათი
kredietkaart

ჩანთა
sak

პლასტიკური პარკი
plastieksak

დასალევი
drankies

წყალი

water

წვენი

sap

რძე

melk

კოკა-კოლა

coke

ღვინო

wyn

ლუდი

bier

ალკოჰოლი

alkohol

კაკაო

kakao

ჩაი

tee

ყავა

koffie

ესპრესო

espresso

კაპუჩინო

cappuccino

ბანანი

piesang

ვაშლი

appel

ფორთოხალი

lemoen

საზამთრო

waatlemoen

ლიმონი

suurlemoen

სტაფილო

wortel

ნიორი

knoffel

ბამბუკი

bamboes

ხახვი

ui

სოკო

sampioen

კაკალი

neute

ატრია

noedels

სპაგეტი

spaghetti

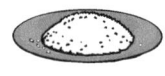

ბრინჯი

rys

სალათი

slaai

ჩიპსები

aartappelskyfies

შემწვარი კარტოფილი

gebraaide aartappels

პიცა

pizza

ჰამბურგერი

hamburger

სენდვიჩი

toebroodjie

კოტლეტი

kotelet

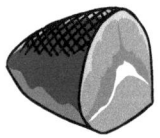

ლორი

ham

სალიამი

salami

ძეხვი

wors

წიწილა

hoender

შემწვარი ხორცი

braaivleis

თევზი

vis

შვრიის ფაფა

hawermoutflokkies

მუსლი

muesli

სიმინდის ფანტელები

graanvlokkies

ფქვილი

meel

კრუასანი

croissant

ბულკი

broodrolletjie

პური

brood

ტოსტი

roosterbrood

ნამცხვრები

koekies

კარაქი

botter

ხაჭო

dikmelk

ტორტი

koek

კვერცხი

eier

ერბო-კვერცხი

gebraaide eier

ყველი

kaas

ნაყინი
roomys

შაქარი
suiker

თაფლი
heuning

ჯემი
konfyt

შოკოლადის კრემი
nougat-smeer

კარი
kerrie

ფერმა
plaas

სოფლის სახლი
plaashuis
თავლა
skuur
ჩალის შეკვრა
strooibale
ყანა
gebied
ცხენი
perd
მისაბმელი
sleepwa
ტრაქტორი
trekker
კვიცი
vul
ვირი
donkie
ცხვარი
skaap
ცხვარი
lam

თხა

bok

ძროხა

koei

ხბო

kalf

ღორი

vark

გოჭი

varkie

ხარი

bul

ბატი

gans

იხვი

eend

წიწილა

kuiken

ქათამი

hen

მამალი

haan

ვირთხა

rot

კატა

kat

თაგვი

muis

ხარი

os

ძაღლი

hond

საძაღლე

hondehok

ბაღის შლანგი

tuinslang

საბაღე წურწურა

gieter

ცელი

sens

გუთანი

ploeg

ნამგალი

sekel

თოხი

skoffel

პატივის სახვეტი ჩანგალი

gaffel

ცული

byl

მაზიდი

kruiwa

გობი

trog

რძის ბიდონი

melkkan

ტომარა

sak

ღობე

heining

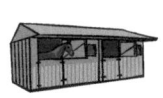

ბოსელი

stal

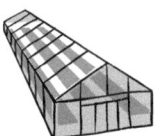

სათბური

kweekhuis

ნიადაგი

grond

თესლი

saad

სასუქი

kunsmis

მოსავლის ამღები კომბაინი

stroper

მოსავლის აღება
oes

მოსავალი
oes

იამი
yam

ხორბალი
koring

სოიო
soja

კარტოფილი
aartappel

სიმინდი
koring

სარეველას თესლი
raapsaad

ხეხილი
vrugteboom

მანიოკი
broodwortel

მარცვლეული
graan

სახლი

huis

ბუხარი
skoorsteen
სახურავი
dak
წყალსადინარი მილი
dreinpyp
ფანჯარა
venster
ავტოფარეხი
garage
კარის ზარი
deurklokkie
კარი
deur
ნაგვის ყუთი
vullisdrom
საფოსტო ყუთი
posbus
ბაღი
tuin

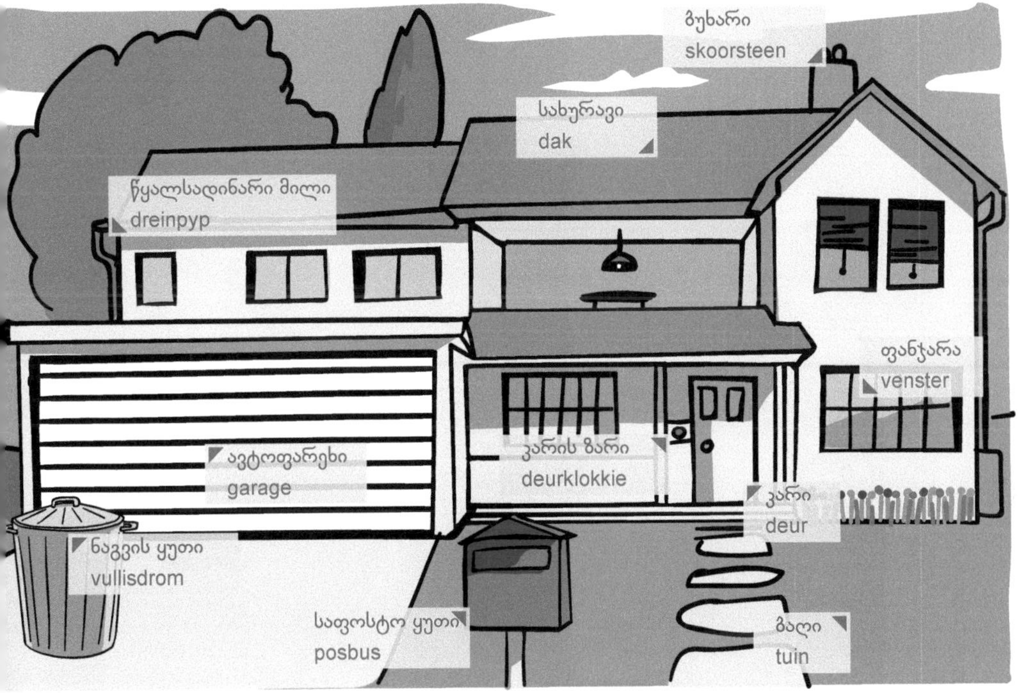

მისაღები ოთახი

woonkamer

აბაზანა

badkamer

სამზარეულო

kombuis

საძინებელი

slaapkamer

საბავშვო ოთახი

kinderkamer

სასადილო ოთახი

eetkamer

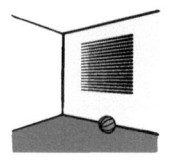

სართული

vloer

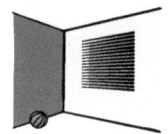

კედელი

muur

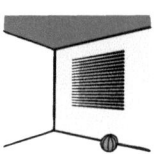

ჭერი

plafon

სარდაფი

kelder

საუნა

sauna

აივანი

balkon

ტერასა

terras

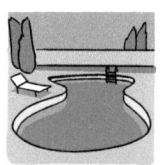

აუზი

swembad

გაზონის საკრეჭი

grassnyer

საბნის კონვერტი

beddegoedoortreksel

საწოლი

deken

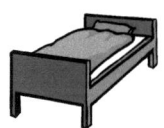

ლოგინი

bed

ცოცხი

besem

სათლი

emmer

გადამრთველი

skakelaar

მისაღები ოთახი

woonkamer

შპალერი
muurpapier
ნახატი
prentjie
ნათურა
lamp
თარო
rak
კარადა
kas
ტელევიზორი
televisie
ბუხარი
kaggel
ყვავილი
blom
ბალიში
kussing
დივანი
rusbank
ვაზა
vaas
დისტანციური მართვა
afstandbeheer

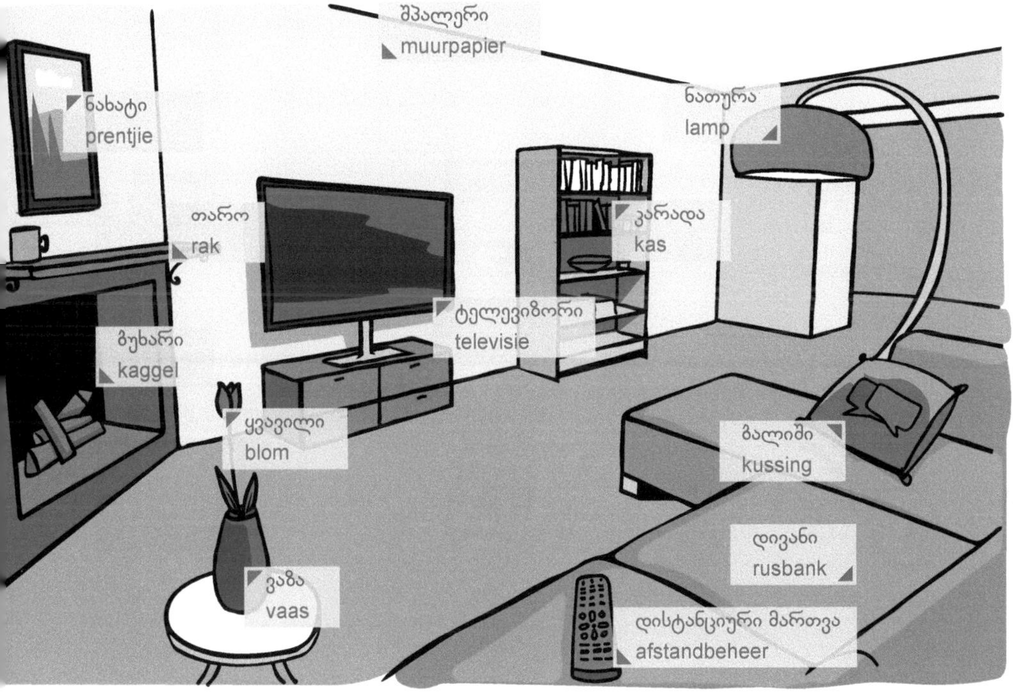

ხალიჩა

mat

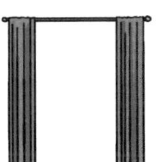

ფარდა

gordyn

მაგიდა

tafel

სკამი

stoel

სარწეველა სკამი

wiegstoel

სავარძელი

leunstoel

წიგნი
boek

საბანი
kombers

დეკორაცია
versiering

შეშა
vuurmaakhout

ფილმი
film

hi-fi მოწყობილობები
hoëtroustel

გასაღები
sleutel

გაზეთი
koerant

ფერწერა
skildery

პლაკატი
plakkaat

რადიო
radio

ბლოკნოტი
notaboekie

მტვერსასრუტი
stofsuier

კაქტუსი
kaktus

სანთელი
kers

სამზარეულო
kombuis

მაცივარი
yskas
მიკრო-ტალღური ღუმელი
mikrogolfoond
სამზარეულოს სასწორი
ტოსტერი
broodrooster
სარეცხი საშუალება
skoonmaakmiddel
ღუმელი
oond
საყინულე
vrieshokkie
ნაგვის ყუთი
vullisdrom
ჭურჭლის სარეცხი მანქანა
skottelgoedwasser

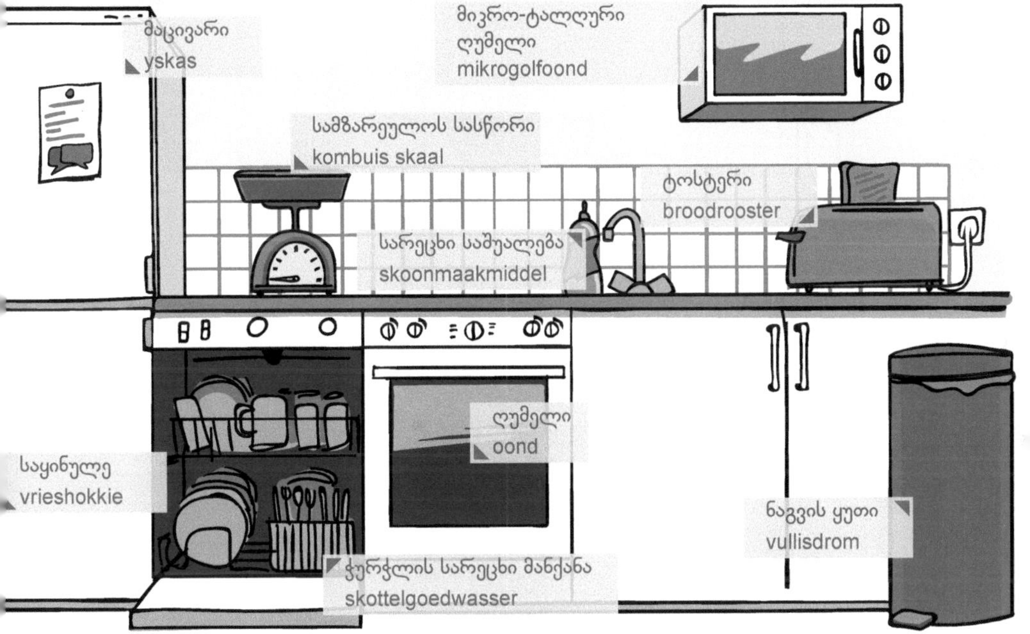

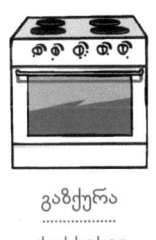

გაზქურა
drukkoker

ქოთანი
pot

თუჯის ქვაბი
ysterpot

ტაფა ამობერილი ფსკერით
wok / kadai

ტაფა
pan

ჩაიდანი
ketel

ორთქლსახარში

stoomkoker

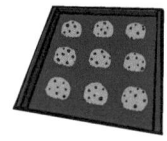

საცხობი ლანგარი

bakplaat

ჭურჭელი

breekware

კათხა

beker

თასი

bak

ჩინური ჩხირები

eetstokkie

ჩამჩა

skeplepel

ფითხი

spatel

სათქვეფელა

klitser

საწური

sif

საცერი

sif

სახეხი

rasper

სანაყი

vysel

გრილი

braai

კოცონი

oop vuur

დაფა

broodplank

საგორავი

koekroller

ბურღი

kurktrekker

ქილა

kan

ქილის გასახსნელი

blikoopmaker

ქოთნის დამჭერი

vatlap

ნიჟარა

opwasbak

ფუნჯი

borsel

ღრუბელი

spons

ბლენდერი

menger

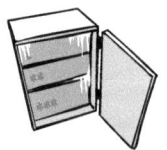

საყინულე კამერა

vrieskas

საბავშვო ბოთლი

bababottel

ონკანი

kraan

აბაზანა

badkamer

გათბობა
verwarming
პირსახოცი
handdoek
შხაპი
stort
საშხაპე ფარდა
stortgordyn
ღრუბლიანი აბანო
borrel bad
ვანა
bad
ჭიქა
glas
სარეცხი მანქანა
wasmasjien
ონკანი
kraan
ფილები
teëls
ღამის ქოთანი
potjie
ნიჟარა
opwasbak

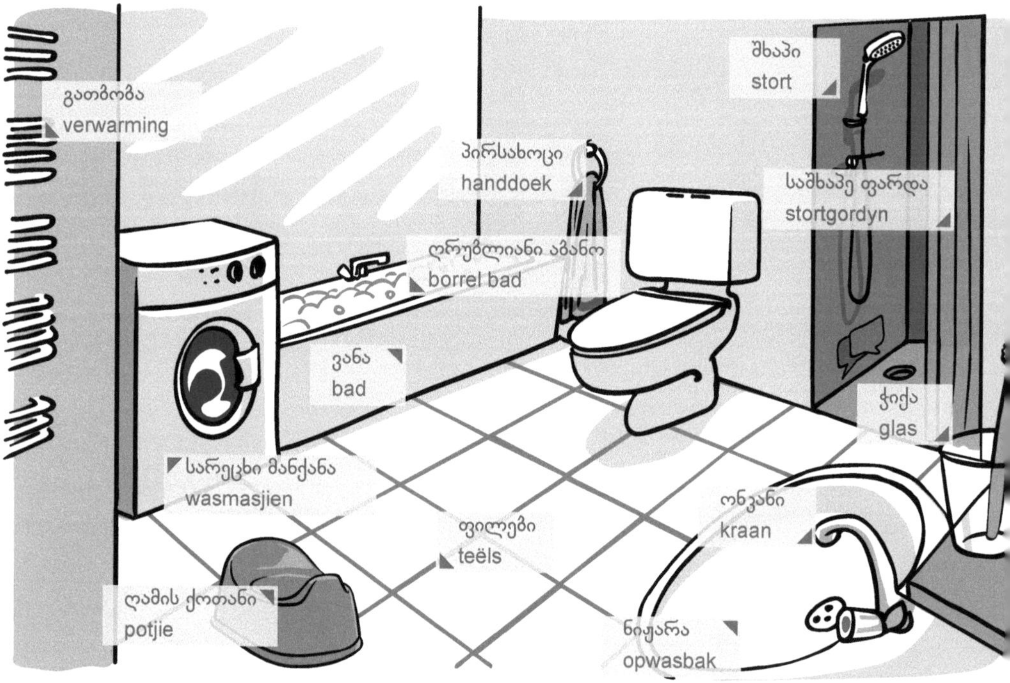

ტუალეტი

toilet

იატაკის ტუალეტი

hurktoilet

ბიდე

bidet

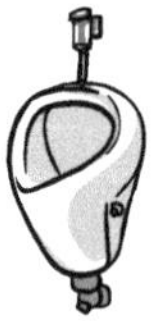

კედლის პისუარი

urinaal

ტუალეტის ქაღალდი

toiletpapier

ტუალეტის ჯაგრისი

toiletborsel

კბილის ჯაგრისი

tandeborsel

კბილის პასტა

tandepasta

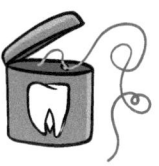

კბილის ძაფი

tande vlos

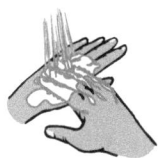

რეცხვა

was

ხელის შხაპი

handstort

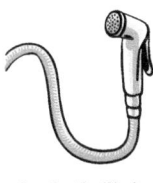

ინტიმური შხაპი

stort

ტაშტი

wasbak

ზურგის სახეხი ფუნჯი

rugkantborsel

საპონი

seep

შხაპის გელი

stortgel

შამპუნი

sjampoe

ნეჭა

flanel

სანიაღვრე

drein

კრემი

room

დეოდორანტი

reukweerder

სარკე

spieël

ხელის სარკე

spieëltjie

გრიტვა

skeermes

საპარსი ქაფი

skeerroom

საშუალება გაპარსვის
შემდეგ
naskeermiddel

სავარცხელი

kam

ჯაგრისი

borsel

თმის საშრობი

haardroër

თმის ლაქი

haarsproei

კოსმეტიკა

grimmering

ტუჩების პომადა

lipstifie

ფრჩხილის ლაქი

naellak

ბამბა

watte

ფრჩხილის მაკრატელი

naelknipper

სუნამო

parfuum

კოსმეტიკის ჩანთა

toiletsakkie

ტაბურეტი

stoel

სასწორი

skaal

სააბაზანო ხალათი

badjas

რეზინის ხელთათმანები

rubberhandskoene

ტამპონი

tampon

ანიტარული პირსახოცი

sanitêre handdoek

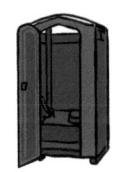

ბიო-ტუალეტი

chemiese toilet

საბავშვო ოთახი

kinderkamer

მაღვიძარა
wekker
რბილი სათამაშო
snoesige speelding
სათამაშო მანქანა
speelgoedkarretjie
ჩხარუნა სათამაშო
ratel
თოჯინების სახლი
pophuis
საჩუქარი
geskenk

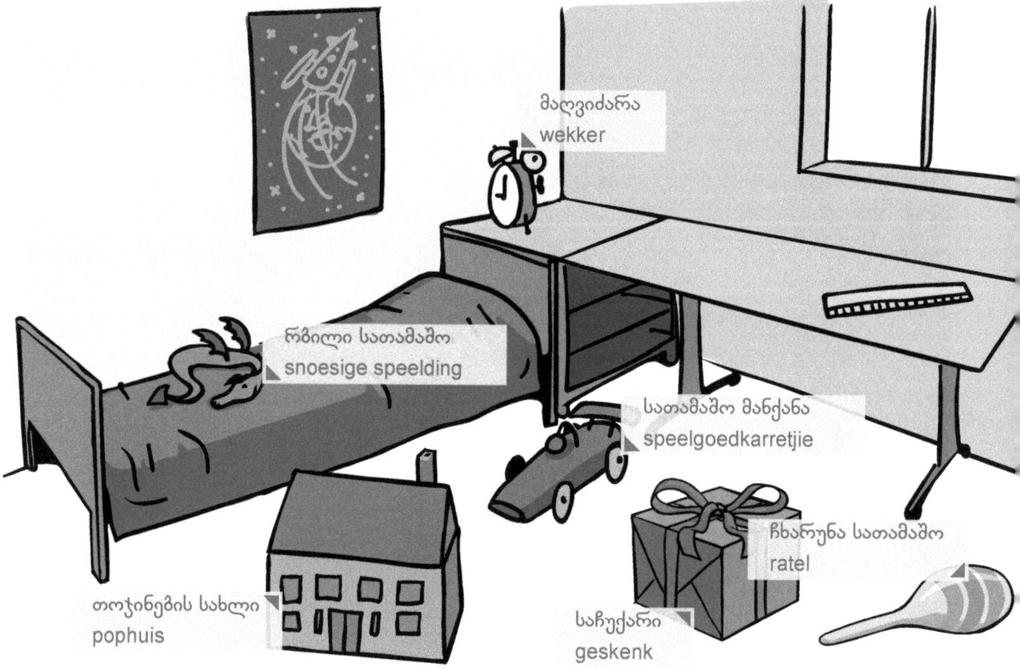

ბუშტი

ballon

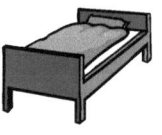

ლოგინი

bed

საბავშვო ეტლი

stootwaentjie

კარტის თამაში

kaartespel

პაზლი

legkaart

კომიკსი

tekenprent

ლეგოს აგურები
lego-blokkies

ასაშენებელი კუბიკები
speelgoedblokke

სათამაშო ფიგურა
animasieheld

საცოცავი
groeipakkie

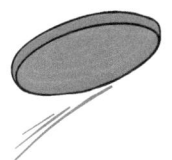

ფრისბი
frisbee

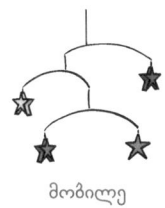

მობილე
mobile

სამაგიდო თამაში
bordspeletjie

კამათელი
dobbelsteen

რკინიგზის მოდელი
model trein stel

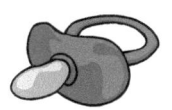

საწოვარა
fopspeen

წვეულება
partytjie

წიგნი ნახატებით
prenteboek

ბურთი
bal

თოჯინა
pop

თამაში
speel

საქვიშარი

sandput

საქანელა

swaai

სათამაშოები

speelgoed

ვიდეო თამაშის კონსოლი

videospeletjie-konsole

სამთვლიანი ველოსიპედი

driewiel

დათუნია

teddiebeer

გარდერობი

klerekas

ტანსაცმელი
klere

წინდები

sokkies

ჩულქები

kouse

კოლგოტები

broekiekouse

შარფი
serp

ქოლგა
sambreel

მკლავებიანი მაისური
t-hemp

ქამარი
belt

ბოტასები
tekkies

ფეხსაცმელი
skoene

ჩუსტები
pantoffels

სანდლები

sandale

ფეხსაცმელი

skoene

რეზინის ჩექმები

rubber stewels

ტრუსები

onderbroek

ბიუსჰალტერი

bra

მაისური

onderbaadjie

ტანსაცმელი - klere 45

სხეული

liggaam

შარვალი

broek

ჯინსი

jeans

ქვედაკაბა

romp

ბლუზი

bloes

პერანგი

hemp

სვიტრი

oortrektrui

კაპიუშონიანი ჟაკეტი

oortrektrui

სპორტული ქურთუკი

baadjie

ჟაკეტი

baadjie

პალტო

jas

საწვიმარი

reënjas

კოსტუმი

kostuum

კაბა

rok

საქორწილო კაბა

trourok

კაცის კოსტიუმი

pak

ღამის პერანგი

nagrok

პიჟამოები

pajamas

სარი

sari

თავშალი

kopdoek

ტურბანი

tulband

ჩადრი

burqa

ხიფთანი

kaftan

აბაია

abaya

საცურაო კოსტუმი

swembroek

ჩემოდნები

swembroek

შორტები

kortbroek

სპორტული კოსტიუმი

sweetpak

წინსაფარი

voorskoot

ხელთათმანები

handskoene

ღილი

knoppie

სათვალეები

bril

სამაჯური

armband

ყელსაბამი

halssnoer

ბეჭედი

ring

საყურე

oorbel

კეპი

pet

საკიდი

klerehanger

ქუდი

hoed

ჰალსტუხი

das

ელვა-შესაკრავის შეკვრა

rits

ჩაფხუტი

helmet

აჭიმი

draadjies

სკოლის ფორმა

skooluniform

ფორმა

uniform

ბავშვის წინსაფარი

bib

საწოვარა

fopspeen

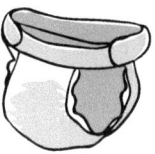

პამპერსი

doek

ოფისი
kantoor

სერვერი
bediener
საკანცელარიო კარადა
liasseerkabinet
პრინტერი
drukker
ქაღალდი
papier
მონიტორი
skerm
მაგიდა
lessenaar
თაგვი
muis
საქაღალდე
leêr
კლავიატურა
sleutelbord
ათა ნარჩენი ქაღალდებისათვის
sdrom
კომპიუტერი
rekenaar
სკამი
stoel

ყავის ფინჯანი

koffiebeker

კალკულატორი

sakrekenaar

ინტერნეტი

internet

ლეპტოპი

skootrekenaar

წერილი

brief

მესიჯი

boodskap

მობილური ტელეფონი

selfoon

ქსელი

netwerk

სკანერი

fotostaatmasjien

პროგრამული უზრუნველყოფა

sagteware

ტელეფონი

telefoon

როზეტი

muurprop

ფაქსის მანქანა

faksmasjien

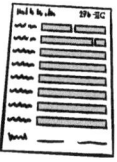

ფორმულარი

vorm

დოკუმენტი

dokument

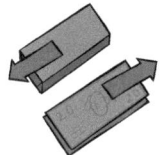

ყიდვა

koop

გადახდა

betaal

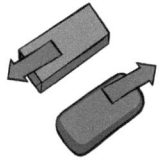

ვაჭრობა

besigheid doen

ფული

geld

დოლარი

dollar

ევრო

euro

იენი

yen

რუბლი

roebel

შვეიცარული ფრანკი

switserse frank

ჟენმინბი იუანი

renminbi yuan

რუპი

rupee

ბანკომატი

kontantteller (ATM)

ვალუტის გადაცვლის
პუნქტი

bureau de change

ოქრო

goud

ვერცხლი

silwer

ნავთობი

olie

ენერგია

energie

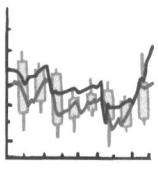

ფასი

prys

ხელშეკრულება

kontrak

გადასახადი

belasting

აქცია

aandele

მუშაობა

werk

თანამშრომელი

werknemer

დამსაქმებელი

werkgewer

ქარხანა

fabriek

მაღაზია

winkel

ეკონომიკა - ekonomie

პოლიციის ოფიცერი
polisiebeampte

მეხანძრე
brandweerman

მზარეული
kok

ექიმი
dokter

მფრინავი
vlieënier

მებაღე
tuinier

დურგალი
timmerman

თეთრეულის მკერავი
ქალბატონი
naaldwerkster

მოსამართლე
regter

ქიმიკოსი
chemikus

მსახიობი
akteur

ავტობუსის მძღოლი

busbestuurder

ტაქსის მძღოლი

taxibestuurder

მეთევზე

visserman

დამლაგებელი ქალბატონი

skoonmaakvrou

სახურავის ოსტატი

dakwerker

მიმტანი

kelner

მონადირე

jagter

ფერმწერი

skilder

მცხობელი

bakker

ელექტრიკოსი

elektrisiën

მშენებელი

bouer

ინჟინერი

ingenieur

ყასაბი

slagter

სანტექნიკოსი

loodgieter

ფოსტალიონი

posman

ჯარისკაცი

soldaat

არქიტექტორი

argitek

მოლარე

kassier

ფლორისტი

bloemiste

პარიკმახერი

haarkapper

კონდუქტორი

kondukteur

მექანიკოსი

werktuigkundige

კაპიტანი

kaptein

სტომატოლოგი

tandarts

მეცნიერი

wetenskaplike

რაბინი

rabbi

იმამი

imam

ბერი

monnik

სასულიერო პირი

predikant

იარაღები
gereedskap

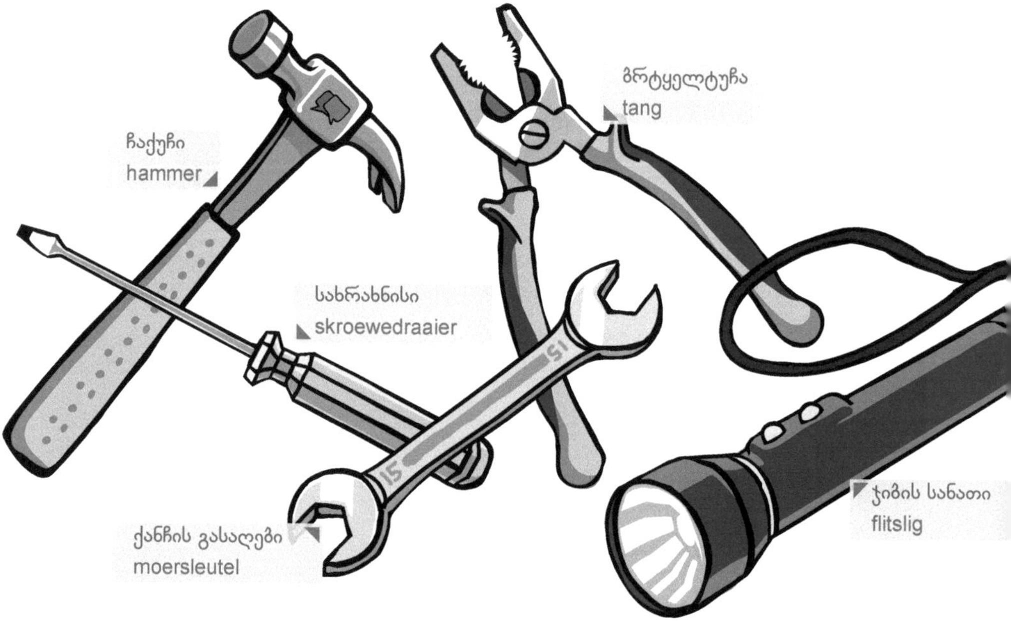

ჩაქუჩი
hammer

გრტყელტუჩა
tang

სახრახნისი
skroewedraaier

ქანჩის გასაღები
moersleutel

ჯიბის სანათი
flitslig

ექსკავატორი

graaftoestel

იარაღების ყუთი

gereedskapskis

კიბე

leer

ხერხი

saag

ლურსმები

naels

საბურღი

boor

56   იარაღები - gereedskap

შეკეთება
....
regmaak

ნიჩაბი
....
graaf

ანდაგა!
....
verdomp!

აქანდაზი
....
skoppie

საღებავის ქოთანი
....
verfpot

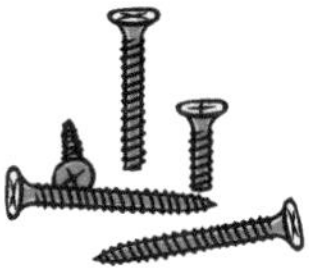

ხრახნები
....
skroewe

მუსიკალური ინსტრუმენტები
musiekinstrumente

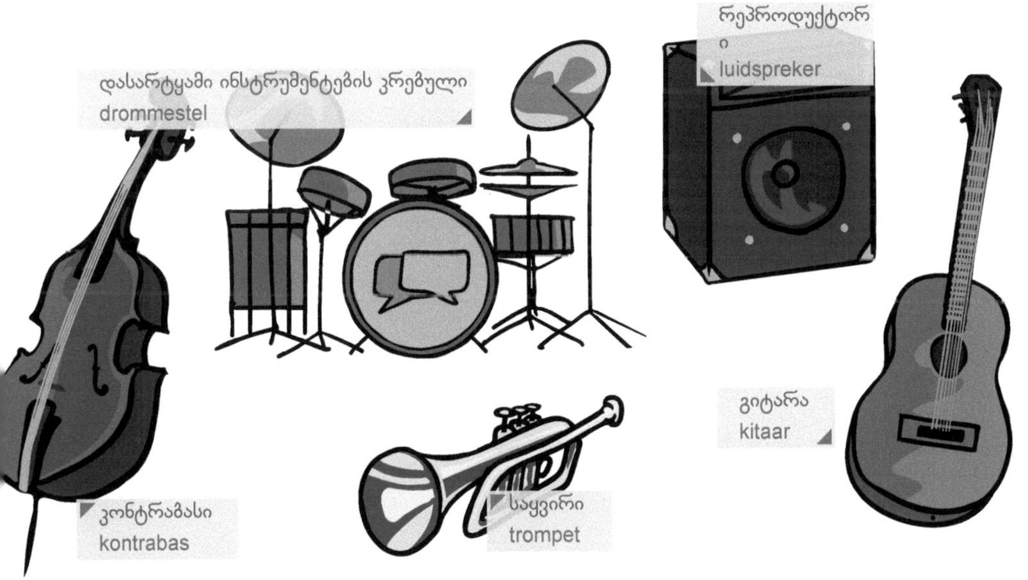

დასარტყამი ინსტრუმენტების კრებული
drommestel

რეპროდუქტორი
luidspreker

გიტარა
kitaar

კონტრაბასი
kontrabas

საყვირი
trompet

ფორტეპიანო

klavier

ვიოლინო

viool

ბასი

bas

ტიმპანონი

keteltrom

დასარტყამები

dromme

კლავიშები

sleutelbord

საქსოფონი

saksofoon

ფლეიტა

fluit

მიკროფონი

mikrofoon

ზოოპარკი

dieretuin

ვეფხვი
tier
შესასვლელი
ingang
გალია
hok
ზებრა
zebra
ცხოველთა საკვები
veevoer
პანდა
panda

ცხოველები

diere

სპილო

olifant

კენგურუ

kangaroo

მარტორქა

renoster

გორილა

gorilla

დათვი

beer

აქლემი

kameel

სირაქლემა

volstruis

ლომი

leeu

მაიმუნი

aap

ფლამინგო

flamink

თუთიყუში

papegaai

პოლარული დათვი

ysbeer

პინგვინი

pikkewyn

ზვიგენი

haai

ფარშევანგი

pou

გველი

slang

ნიანგი

krokodil

ზოოპარკის მეთვალყურე

dieretuinopsigter

სელაპი

rob

იაგუარი

jaguar

პონი
ponie

ლეოპარდი
luiperd

ბეჰემოტი
seekoei

ჟირაფი
kameelperd

არწივი
arend

ტახი
wildevark

თევზი
vis

კუ
skilpad

მორჟი
walrus

მელა
jakkals

გაზელი
gemsbok

სპორტი
sport

ამერიკული ფეხბურთი
Amerikaanse Voetbal

ველოსპორტი
fietsry

ჩოგბურთი
tennis

კალათბურთი
basketbal

ცურვა
swem

კრივი
boks

ყინულის ჰოკეი
ys-hokkie

ფეხბურთი
sokker

ბადმინტონი
pluimbal

მძლეოსნობა
atletiek

ხელბურთი
handbal

სათხილამურო სპორტი
ski

წყლის პოლო
polo

მოქმედებები
aktiwiteite

ადახტომა
pring
ჩახუტება
drukkie
დაცინვა
lag
სიმღერა
sing
სეირნობა
loop
ოცნებობა
droom
ლოცვა
bid
კოცნა
soen

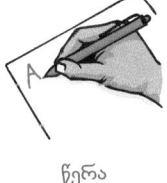

წერა

skryf

დახატვა

teken

ჩვენება

show

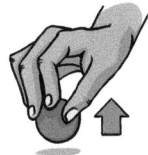

დაჭერა

druk

მიცემა

gee

აღება

neem

ქონა

het

კეთება

doen

ყოფნა

wees

დგომა

staan

გარბენა

hardloop

მოქაჩვა

trek

გადაყრა

gooi

დაცემა

val

ტყუილის თქმა

jok

მოცდენა

wag

ტარება

dra

ჯდომა

sit

ჩაცმა

aantrek

ძილი

slaap

გაღვიძება

wakker word

დათვალიერება
kyk na

ტირილი
huil

გაუთოება
streel

დავარცხნა
kam

ლაპარაკი
praat

გაგება
verstaan

შეკითხვა
vra

მოსმენა
luister

დალევა
drink

ჭამა
eet

დალაგება
opruim

ყვარება
liefhê

კერძების მზადება
kook

სვლა
ry

ფრენა
vlieg

აფრის ქვეშ სიარული
seil

გამოთვლა
bereken

წაკითხვა
lees

შესწავლა
leer

მუშაობა
werk

ქორწინება
trou

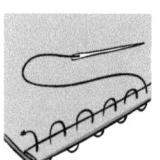

კერვა
naai

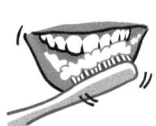

კბილების ხეხვა
tande borsel

მოკვლა
doodmaak

მოწევა
rook

გაგზავნა
stuur

ბებია
ouma

ბაბუა
oupa

მამა
pa

დედა
ma

ბავშვი
baba

ქალიშვილი
dogter

ვაჟიშვილი
seun

სტუმარი
....
gas

დეიდა
....
tannie

ბიძა
....
oom

ძმა
....
broer

და
....
suster

სხეული

liggaam

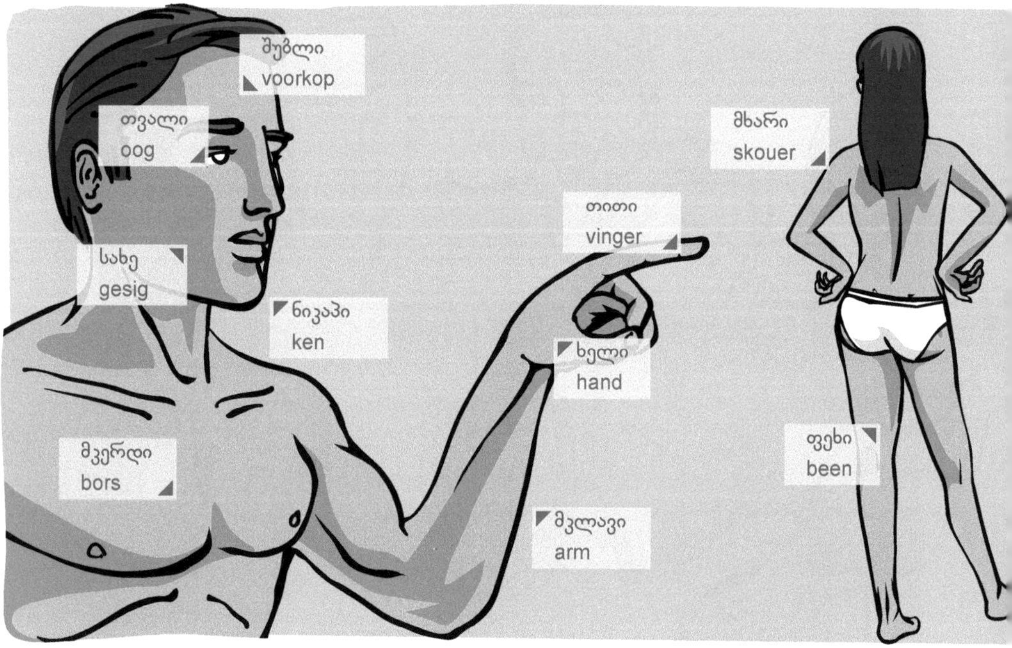

შუბლი
voorkop
თვალი
oog
სახე
gesig
ნიკაპი
ken
მკერდი
bors
თითი
vinger
ხელი
hand
მკლავი
arm
მხარი
skouer
ფეხი
been

ბავშვი

baba

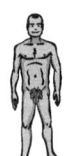

კაცი

man

ქალი

vrou

გოგო

meisie

ბიჭი

seun

თავი

kop

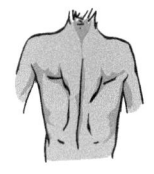

ზურგი

rug

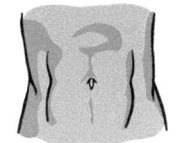

მუცელი

buik

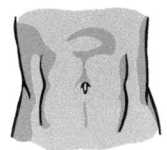

ჭიპი

naelstring

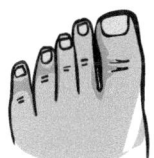

ფეხის თითი

toon

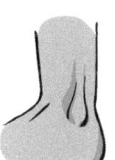

ქუსლი

hak

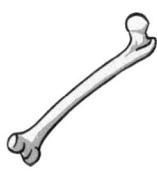

ძვალი

been

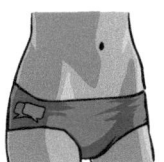

ბარძაყი

heup

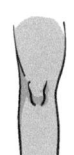

მუხლი

knie

იდაყვი

elmboog

ცხვირი

neus

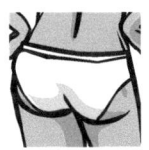

დუნდულა

boude

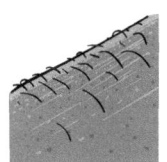

კანი

vel

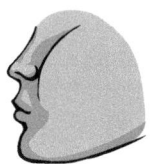

ლოყა

wang

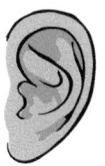

ყური

oor

ტუჩი

lippe

პირი
mond

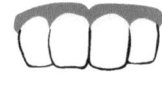

კბილი
tand

ენა
tong

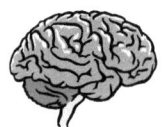

ტვინი
brein

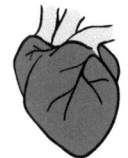

გული
hart

კუნთი
spiere

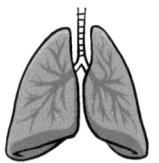

ფილტვი
long

ღვიძლი
lewer

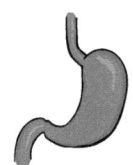

კუჭი
maag

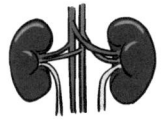

თირკმელები
niere

სექსი
seks

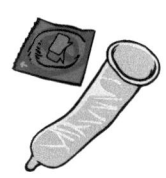

პრეზერვატივი
kondoom

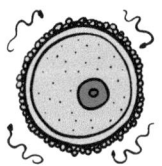

კვერცხუჯრედი
eierstok

სპერმა
semen

ორსულობა
swangerskap

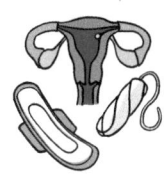

მენსტრუაცია
menstruasie

საშო
vagina

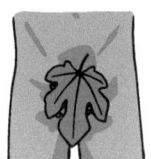

პენისი
penis

წარბი
wenkbrou

თმა
hare

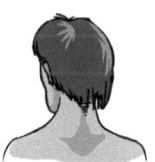

კისერი
nek

საავადმყოფო
hospitaal

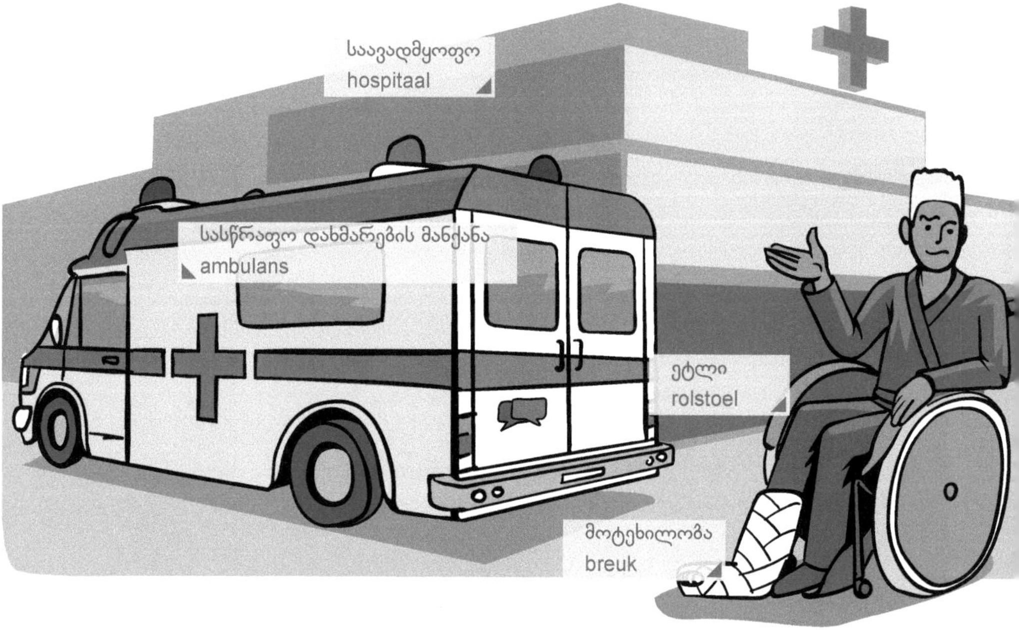

სასწრაფო დახმარების მანქანა
ambulans
ეტლი
rolstoel
მოტეხილობა
breuk

ექიმი
dokter

პირველი დახმარების ოთახი
ongevalle

მედდა
verpleegster

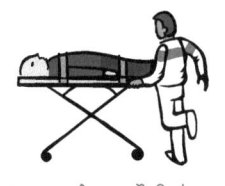

გადაუდებელი შემთხვევა
noodgeval

უგონოდ მყოფი
bewusteloos

ტკივილი
pyn

დაზიანება

besering

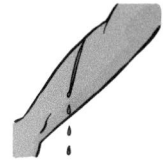

სისხლდენა

bloeding

გულის შეტევა

hartaanval

ინსულტი

beroerte

ალერგია

allergie

ხველა

hoes

ცხელება

koors

გრიპი

griep

დიარეა

diarree

თავის ტკივილი

hoofpyn

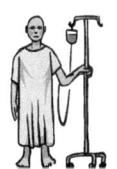

კიბო

kanker

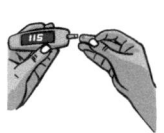

დიაბეტი

diabetes

ქირურგი

chirurg

სკალპელი

skalpel

ოპერაცია

operasie

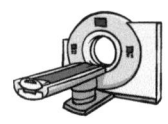

კტ

CT

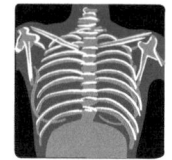

რენტგენი

X-straal

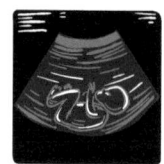

ულტრაბგერა

ultraklank

ნიღაბი

gesigmasker

დაავადება

siekte

მოსაცდელი ოთახი

wagkamer

ყავარჯენი

kruk

თაბაშირი

gips

ბინტი

verband

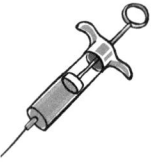

ინექცია

inspuiting

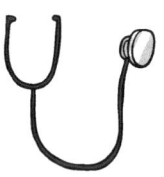

სტეტოსკოპი

stetoskoop

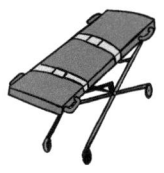

საკაცე

draagbaar

თერმომეტრი

kliniese termometer

დაბადება

geboorte

ჭარბი წონა

oorgewig

სმენის აპარატი

gehoorapparaat

სადეზინფექციო საშუალება

ontsmettingsmiddel

ინფექცია

infeksie

ვირუსი

virus

აივ / შიდსი

MIV / vigs

წამალი

medisyne

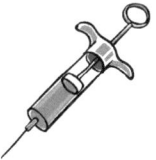

ვაქცინაცია

inenting

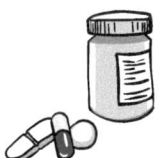

ტაბლეტები

tablette

აბი

pil

დაუდებელი გამოძახება

noodoproep

წნევის საზომი აპარატი

blooddrukmonitor

ავადმყოფი / ჯანმრთელი

siek / gesond

გადაუდებელი შემთხვევა
noodgeval

დამეხმარეთ!

Help!

განგაში

alarm

თავდასხმა

aanranding

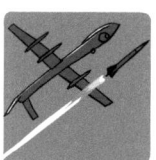

შეტევა

aanval

საფრთხე

gevaar

სათადარიგო გასასვლელი

nooduitgang

ხანძარი!

Brand!

ცეცხლსაქრობი

brandblusser

უბედური შემთხვევა

ongeluk

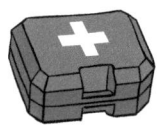

პირველადი დახმარების აფთიაქი

noodhulpkissie

SOS

SOS

პოლიცია

polisie

ევროპა

Europa

ჩრდილოეთ ამერიკა

Noord-Amerika

სამხრეთ ამერიკა

Suid-Amerika

აფრიკა

Afrika

აზია

Asië

ავსტრალია

Australië

ატლანტიკა

Atlantiese Oseaan

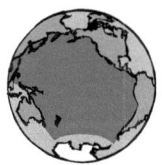

წყნარი ოკეანე

Stille Oseaan

ინდოეთის ოკეანე

Indiese Oseaan

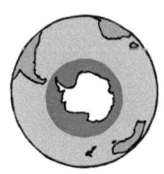

ანტარქტიკის ოკეანე

Antarktiese Oseaan

ჩრდილოეთის ყინულოვანი ოკეანე

Arktiese Oseaan

ჩრდილოეთ პოლუსი

Noordpool

სამხრეთ პოლუსი

Suidpool

ანტარქტიდა

Antarktika

დედამიწა

aarde

ხმელეთი

land

ზღვა

see

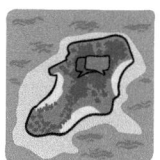

კუნძული

eiland

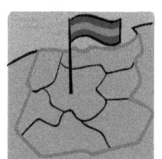

ერი

nasie

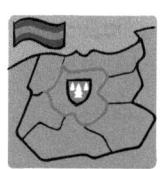

სახელმწიფო

staat

ციფერბლატი

horlosie

საათების ისარი

uur-aanwyser

წუთების ისარი

minuut-aanwyser

წამების ისარი

sekonde-aanwyser

რომელი საათია?

Hoe laat is dit?

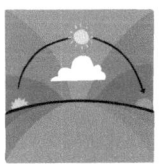

დღე

dag

დრო

tyd

ახლა

nou

ციფრული საათი

digitale horlosie

წუთი

minuut

საათი

uur

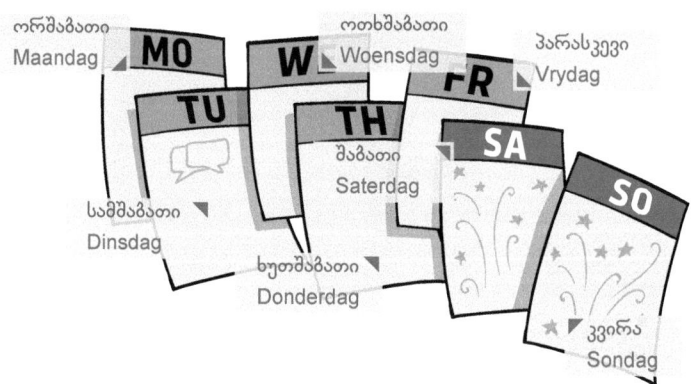

ორშაბათი Maandag
ოთხშაბათი Woensdag
პარასკევი Vrydag
MO
W
FR
TU
TH
SA
შაბათი Saterdag
სამშაბათი Dinsdag
ხუთშაბათი Donderdag
SO
კვირა Sondag

გუშინ
gister

დღეს
vandag

ხვალ
môre

დილა
oggend

შუადღე
middag

საღამო
aand

MO	TU	WE	TH	FR	SA	SU
1	2	3	4	5	6	7
8	9	10	11	12	13	14
15	16	17	18	19	20	21
22	23	24	25	26	27	28
29	30	31	1	2	3	4

სამუშაო დღეები
werksdae

MO	TU	WE	TH	FR	SA	SU
1	2	3	4	5	6	7
8	9	10	11	12	13	14
15	16	17	18	19	20	21
22	23	24	25	26	27	28
29	30	31	1	2	3	4

შაბათი-კვირა
naweek

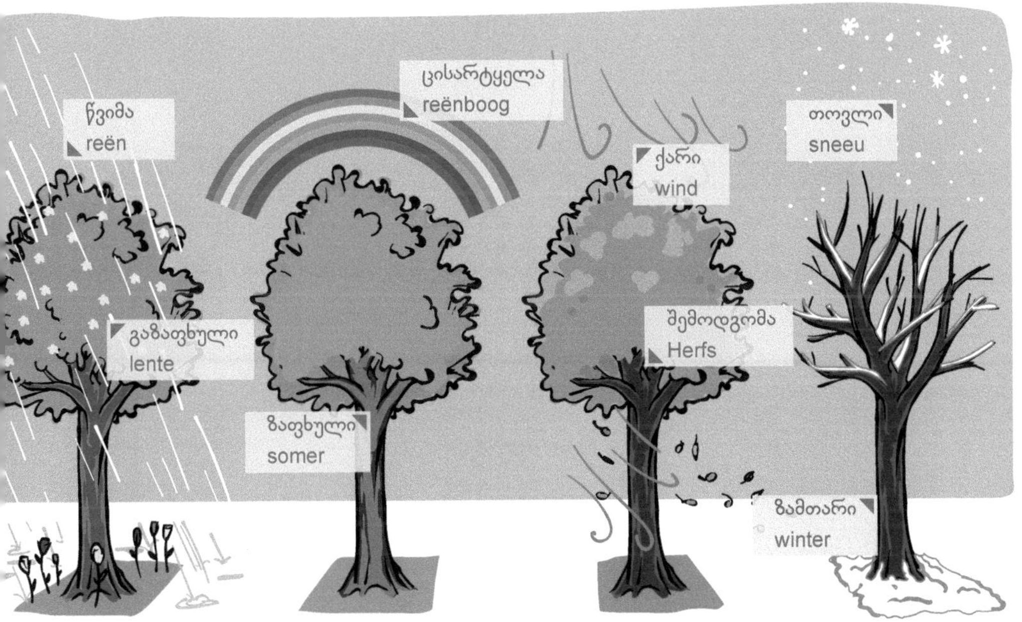

წვიმა
reën
ცისარტყელა
reënboog
თოვლი
sneeu
ქარი
wind
გაზაფხული
lente
შემოდგომა
Herfs
ზაფხული
somer
ზამთარი
winter

4.APRIL 11°
5.APRIL 4°
6.APRIL 13°
7.APRIL 8°
0.APRIL 10°

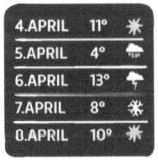

ამინდის პროგნოზი

weervoorspelling

F C
120 40
90 30
60 20
30 10
0 0
-30 -10
-20

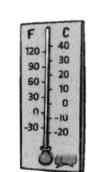

თერმომეტრი

termometer

მზის სხივი

sonskyn

ღრუბელი

wolk

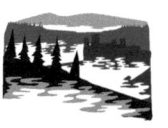

ნისლი

mis

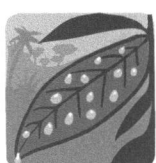

ტენიანობა

humiditeit

ელვა
weerlig

ქუხილი
donderweer

შტორმი
storm

სეტყვა
hael

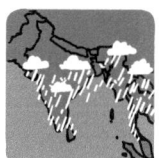

მუსონი
reënseisoen

წყალდიდობა
vloed

ყინული
ys

იანვარი
Januarie

თებერვალი
Februarie

მარტი
Maart

აპრილი
April

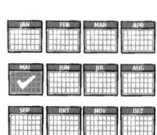

მაისი
Mei

ივნისი
Junie

ივლისი
Julie

აგვისტო
Augustus

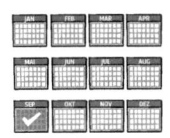

სექტემბერი
....
September

ოქტომბერი
....
Oktober

ნოემბერი
....
November

დეკემბერი
....
Desember

ფორმები

vorms

წრე
....
sirkel

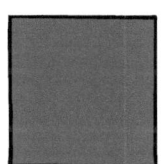

კვადრატი
....
vierkant

მართკუთხედი
....
reghoek

სამკუთხედი
....
driehoek

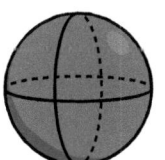

სფერო
....
gebied

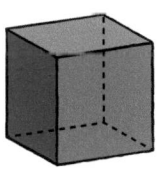

კუბი
....
kubus

ფერები
kleure

თეთრი

wit

ყვითელი

geel

ნარინჯისფერი

oranje

ვარდისფერი

pink

წითელი

rooi

იისფერი

pers

ცისფერი

blou

მწვანე

groen

ყავისფერი

bruin

ნაცრისფერი

grys

შავი

swart

საპირისპიროები

teenoorgesteldes

ბევრი / ცოტა

'n baie / 'n bietjie

გაბრაზებული / მშვიდი

kwaad / kalm

ლამაზი / მახინჯი

pragtig / lelik

დასაწყისი / დასასრული

begin / einde

დიდი / პატარა

groot / klein

ნათელი / მუქი

helder / donker

ძმა / და

broer / suster

სუფთა / ჭუჭყიანი

skoon / vuil

სრული / არასრული

volledige / onvolledige

დღე / ღამე

dag / nag

მკვდარი / ცოცხალი

dood / lewendig

განიერი / ვიწრო

wyd / smal

საჭმელად ვარგისი / საჭმელად უვარგისი

eetbare / oneetbaar

გიჟი / კეთილი

kwaad / vriendelik

შთამბეჭდავი / მოსაწყენი

opgewonde / verveeld

სქელი / თხელი

vet / maer

პირველი / ბოლო

eerste / laaste

მეგობარი / მტერი

vriend / vyand

სრული / ცარიელი

vol / leeg

მყარი / რბილი

hard / sag

მძიმე / მსუბუქი

swaar / lig

მოშიებული / მწყურვალე

honger / dors

ავადმყოფი / ჯანმრთელი

siek / gesond

არალეგალური / ლეგალური

onwettige / wettige

ინტელექტუალი / სულელი

slim / dom

მარცხენა / მარჯვენა

links / regs

ახლოს / შორს

naby / vêr

ახალი / გამოყენებული

nuut / tweedehands

არაფერი / რაღაცა

niks / iets

მოხუცი / ახალგაზრდა

oud / jonk

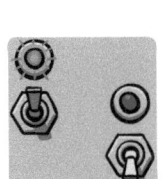

ჩართვა / გამორთვა

aan / af

ღია / დახურული

oop / toe

ჩუმი / ხმამაღალი

stil / lawaaierig

მდიდარი / ღარიბი

ryk / arm

მართალი / მტყუანი

reg / verkeerd

უხეში / გლუვი

grof / glad

სევდიანი / ბედნიერი

hartseer / gelukkig

მოკლე / გრძელი

kort / lank

ნელი / სწრაფი

stadig / vinnig

სველი / მშრალი

nat / droog

თბილი / გრილი

warm / koel

ომი / მშვიდობა

oorlog / vrede

რიცხვები
getalle

0	1	2
ნული	ერთი	ორი
nul	een	twee
3	4	5
სამი	ოთხი	ხუთი
drie	vier	vyf
6	7	8
ექვსი	შვიდი	რვა
ses	sewe	agt
9	10	11
ცხრა	ათი	თერთმეტი
nege	tien	elf

12

თორმეტი

twaalf

13

ცამეტი

dertien

14

თოთხმეტი

veertien

15

თხუთმეტი

vyftien

16

თექვსმეტი

sestien

17

ჩვიდმეტი

sewentien

18

თვრამეტი

agtien

19

ცხრამეტი

negentien

20

ოცი

twintig

100

ასი

honderd

1.000

ათასი

duisend

1.000.000

მილიონი

miljoen

ენები

tale

ინგლისური

Engels

ამერიკული ინგლისური

Amerikaanse Engels

ჩინური მანდარინი

Mandaryns

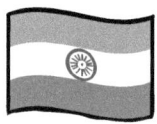

ჰინდი

Hindi

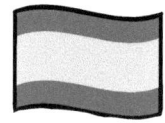

ესპანური

Spaans

ფრანგული

Frans

არაბული

Arabies

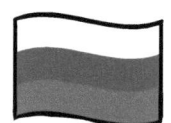

რუსული

Russies

პორტუგალიური

Portugees

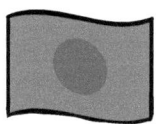

ბენგალური

Bengaals

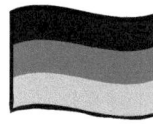

გერმანული

Duits

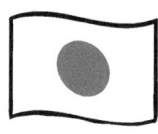

იაპონური

Japanees

ვინ / რა / როგორ

Wie / wat / hoe

მე

Ek

შენ

jy

ის / ის / იგი

hy / sy / dit

ჩვენ

ons

თქვენ

julle

ისინი

hulle

ვინ?

wie?

რა?

wat?

როგორ?

hoe?

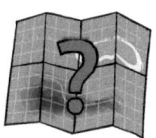

სად?

waar?

როდის?

wanneer?

სახელი

naam

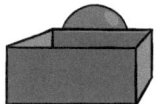

სად

waar

უკან

agter

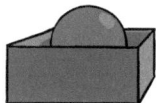

შიგნით

in

წინ

voor

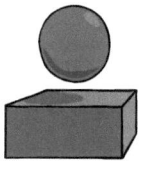

ზედ

oor

=-ზე

bo-op

ქვეშ

onder

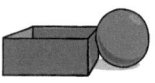

გვერდით

langs

შორის

tussen

ადგილი

plek